1, rond-point du Général-Eisenhower, 31101 Toulouse Cedex 9, France
editionsmilan.com

Dépôt légal : février 2022 • ISBN : 978-2-408-03008-7
Achevé d'imprimer au 1er trimestre 2022 en Chine
Plus d'informations sur la fabrication de nos livres :
editionsmilan.com/comment-fabriquons-nous-nos-livres

FSC www.fsc.org
MIXTE
Papier issu de sources responsables
FSC® C020056

Tu vides tes étagères et connais déjà ce livre par cœur ? Donne-le !

Les camions

Texte d'Anne Blanchard
Illustrations de Nesk

milan

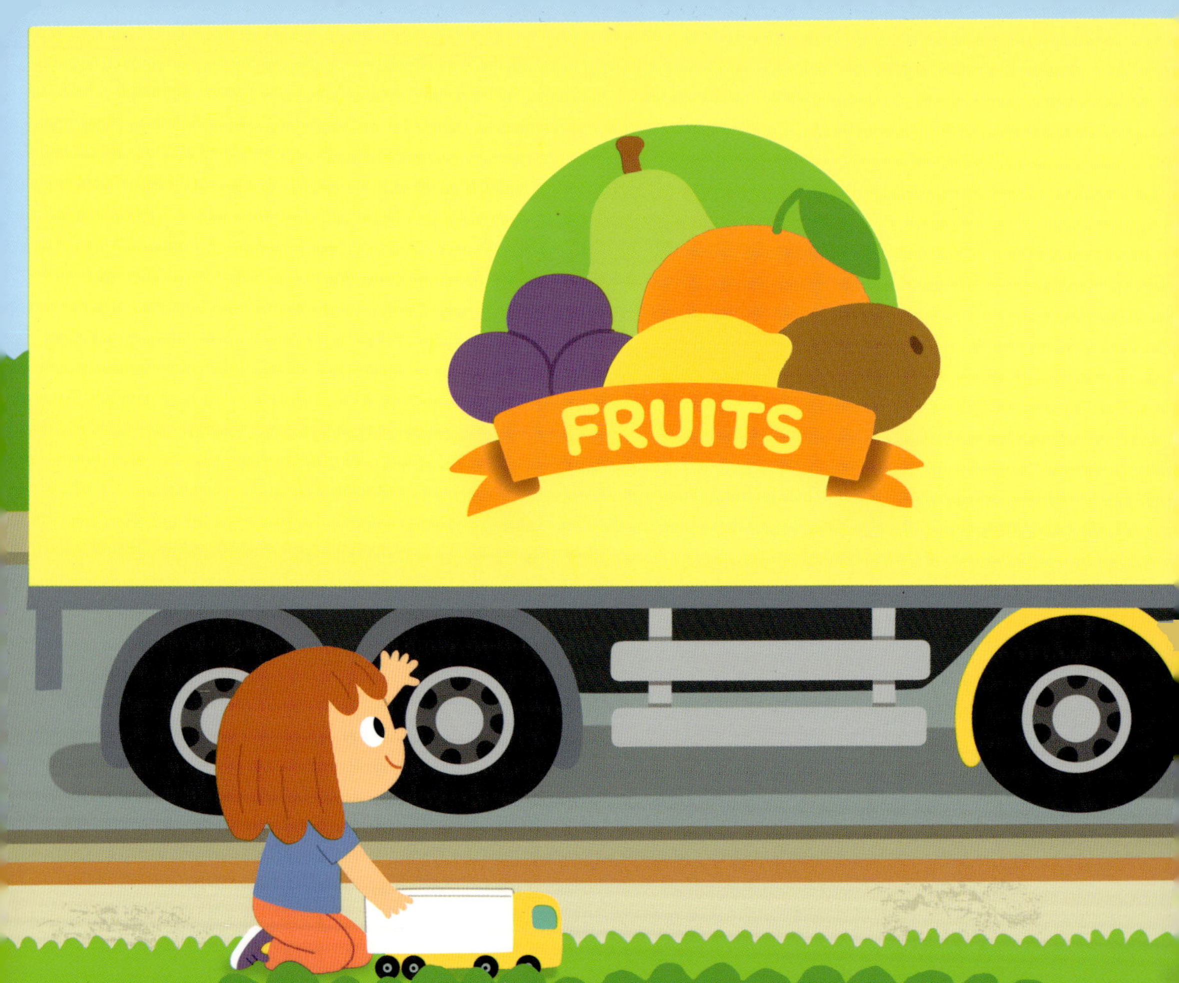

Lola aime beaucoup jouer avec son camion-fourgon.
Vroum vroum... Il est jaune, comme le camion de papa !

Le papa de Lola est chauffeur routier :
son travail, c'est de conduire des camions.
Aujourd'hui, il transporte des fruits.

C'est parti ! Dans la cabine, le papa de Lola
conduit le camion avec le volant.
Le camion prend beaucoup de place sur la route.

Heureusement, le chauffeur peut dormir dans la couchette de son camion. C'est comme un petit lit dans une petite chambre. Bonne nuit !

Il existe toutes sortes de camions ! Ce matin, le camion poubelles s'arrête devant la maison de Lola. L'éboueur attrape la poubelle jaune

Le camion-benne transporte du sable.
La benne bascule, et, zou, le sable glisse
comme sur un toboggan !

Pin pon, pin pon ! Voilà le camion rouge des pompiers.
Les gyrophares bleus clignotent.
Les voitures doivent le laisser passer.

Avec son treuil, la dépanneuse charge la voiture
sur le camion. Maintenant, direction le garage !

Aujourd'hui, Lola et son papa vont voir le plus gros camion du monde : c'est un énorme camion-benne. Il est plus haut qu'une maison, et pèse plus lourd qu'un avion.

Mais, le camion préféré de Lola,
c'est celui de son papa !
Et toi, quel est ton camion préféré ?

mes tout premiers docs

Découvre tous les titres de la collection